Michael Krämer

Erfolgsmessung der Gestaltung der Qualitätssicherung

I0013318

Michael Krämer

Erfolgsmessung der Gestaltung der Qualitätssicherung

GRIN Verlag

Bibliografische Information der Deutschen Nationalbibliothek: Die Deutsche Bibliothek verzeichnet diese Publikation in der Deutschen Nationalbibliografie; detaillierte bibliografische Daten sind im Internet über http://dnb.d-nb.de/ abrufbar.

1. Auflage 2004
Copyright © 2004 GRIN Verlag GmbH
http://www.grin.com
Druck und Bindung: Books on Demand GmbH, Norderstedt Germany
ISBN 978-3-656-14378-9

LEHRSTUHL
FÜR WIRTSCHAFTSINFORMATIK
Systementwicklung

**Hauptseminar Wirtschaftsinformatik
im WS 2003/2004**

Thema 3.1

„Erfolgsmessung der Gestaltung der Qualitätssicherung"

vorgelegt von:

Krämer, Michael

Inhaltsverzeichnis

Abbildungsverzeichnis

1 Einleitung

Um beurteilen zu können, ob die Gestaltung der Qualitätssicherung in einem Unternehmen angemessen ist, muss sowohl deren Wirksamkeit als auch der erforderliche Aufwand überprüft werden. Benötigt wird daher ein Maß für den Erfolg der Qualitätssicherung. Ziel dieser Arbeit ist es, verschiedene Vorgehensweisen zu beschreiben, anhand welcher die Zielerreichung, d.h. der Erfolg der Qualitätssicherung gemessen werden kann, bzw. wie existierende Schwachstellen oder Defizite bei der bisherigen Gestaltung der Qualitätssicherung in Softwareprojekten aufgedeckt und behoben werden können. Dazu werden, nach der Klärung grundlegender Begrifflichkeiten, zunächst Ziele der Qualitätssicherung definiert sowie die zur Erreichung dieser Ziele ergriffenen Maßnahmen strukturiert und beschrieben. In Kapitel 3 werden anschließend verschiedene Ansätze und Maße vorgestellt, die zur Erfolgsmessung der Qualitätssicherung herangezogen werden können. Diese entstammen der, speziell in Bezug auf die Erfolgsmessung, spärlich gesäten, empirischen Literatur oder basieren auf Fallstudien, welche die Lösungen großer Softwarehäuser, wie z.B. Hewlett-Packard, zu dieser Problemstellung beschreiben.

2 Qualität und Qualitätssicherung

2.1 Der Qualitätsbegriff

Balzert definiert den Begriff Qualität als die Gesamtheit von Merkmalen einer Einheit bezüglich ihrer Eignung, festgelegte und vorausgesetzte Erfordernisse zu erfüllen.[1] Aufgrund der Einzigartigkeit von Softwareprodukten in Bezug auf ihre Entwicklung und Verwendung kann diese Definition auch auf Softwarequalität übertragen werden. Softwarequalität[2] wird dementsprechend durch eine entwicklungsspezifische Menge von Qualitätsmerkmalen beschrieben, deren Ziel es ist, bestimmte Qualitätsanforderungen zu erfüllen. Sechs Qualitätsmerkmale von Softwareprodukten sind in der ISO-Norm 9126 definiert. Diese sind: Funktionalität, Zuverlässigkeit, Benutzbarkeit, Effizienz,

---

[1] Vgl. zu diesem Absatz Balzert /Software-Management/ 257, 272-273

[2] Für diesen Text gilt: Qualität = Softwarequalität

Änderbarkeit und Übertragbarkeit. Qualitätsanforderungen legen fest, welche Qualitätsmerkmale für ein spezifisches Softwareprodukt als relevant erachtet werden und welche quantitative Ausprägung von dem jeweiligen Qualitätsmerkmal verlangt wird.

2.2 Softwarequalität als Drei-Ebenen-Hierarchie

Es ist kaum möglich, einen Wert für die Softwarequalität oder auch den eines Qualitätsmerkmals direkt zu bestimmen. Softwarequalität wird dazu begrifflich in Qualitätsmerkmale, -attribute und –maße zerlegt.[3] Auf oberster Ebene der so entstehenden Hierarchie befinden sich die entwicklungsspezifisch relevanten Qualitätsmerkmale, welche jeweils durch eine Menge von Qualitätsattributen verfeinert werden, die wiederum auf unterster Ebene durch Qualitätsmaße mess- und bewertbar gemacht werden. Das Qualitätsmerkmal „Zuverlässigkeit" kann so beispielsweise in die Qualitätsattribute „Reife", „Fehlertoleranz" und „Wiederherstellbarkeit" zerlegt werden, wobei das Qualitätsattribut „Reife" durch das Qualitätsmaß „Mean Time to Failure" (=Zeit bis zum nächsten Systemabsturz bzw. Auftreten eines Fehlers) gemessen werden kann.

Qualitätsmaße erlauben also quantitative Rückschlüsse auf die Ausprägung eines Qualitätsattributs.[4] Beruhen diese auf physischen Beobachtungen am Softwareprodukt, z.B. die enthaltene Fehlerzahl, spricht man von einem objektiven Qualitätsmaß. Fließen in die Messung personenbezogene Einschätzungen o.ä. ein, ist das Qualitätsmaß subjektiv. Weiterhin lassen sich direkte und indirekte Qualitätsmaße unterscheiden. Die in einem Modul enthaltene Fehlerzahl ist ein direktes Qualitätsmaß. Wird dieses Maß jedoch zum Zwecke der Vergleichbarkeit verschiedener Softwaremodule über die Modulgröße normalisiert, spricht man von einem indirekten Qualitätsmaß. Wurden alle Attribute eines Qualitätsmerkmals mittels repräsentativer Qualitätsmaße gemessen, kann je nach Bedeutung der einzelnen Attribute in Bezug auf das übergeordnete Merkmal eine Gewichtung der Werte

---

[3] Vgl. zu diesem Absatz Balzert /Software-Management/ 258-260, Rosqvist, Koskela, Harju /Expert Judgement/ 41-42 sowie Evans, Marciniak /Software Quality Assurance/ 161-162

[4] Vgl. Liggesmeyer /Software-Qualität/ 6

vorgenommen werden.[5] Man   erhält so ein quantitatives Maß für alle
Qualitätsmerkmale.

2.3 Qualitätssicherung

Es genügt nicht, Qualitätsanforderungen lediglich aufzustellen.[6] Genauso
wichtig ist es, dafür zu sorgen, dass diese auch erfüllt werden. Qualitäts-
management umfasst alle Maßnahmen der Planung, Lenkung und Kontrolle,
um die Qualität von Prozess und Produkt eines Softwareentwicklungsprojekts
sicherzustellen. Man unterscheidet zwischen konstruktiven und analytischen
Qualitätsmanagement-Maßnahmen. Zu   den   konstruktiven   Qualitätsmanagement-Maßnahmen zählen alle Methoden, Sprachen, Werkzeuge,
Richtlinien, Standards und Checklisten, die dafür sorgen, dass der Prozess
bzw. das entstehende Produkt à priori die Qualitätsanforderungen erfüllt. Durch
analytische Qualitätsmanagement-Maßnahmen wird gemessen, inwieweit die
entwicklungsspezifisch   relevanten   Qualitätsmerkmale   die
Qualitätsanforderungen erfüllen. Die Durchführung analytischer Maßnahmen ist
Aufgabe der Qualitätssicherung.

2.3.1 Ziele der Qualitätssicherung

Die Qualitätssicherung in einem Softwareentwicklungsprojekt verfolgt zwei
wesentliche Ziele – die Validierung und die Verifizierung des entstehenden
Produktes.[7] Unter Validierung wird hier die Überprüfung der Tauglichkeit eines
Softwareproduktes bezogen auf seinen Einsatzzweck verstanden. Hier geht es
um   eine   Prüfung   gegen   die   Bedürfnisse   des   Kunden.   Wird   die
Übereinstimmung zwischen spezifizierter und tatsächlicher Ausprägung der
Qualitätsmerkmale eines Softwareproduktes überprüft, spricht man von
Verifizierung. Es handelt sich also um eine Prüfung gegen die expliziten
Qualitätsanforderungen.

---

[5] Vgl. zu diesem Absatz Rosqvist, Koskela, Harju /Expert Judgement/ 42 sowie Müller, Paulish /Software-Metriken in der Praxis/ 56-60

[6] Vgl. zu diesem Absatz Balzert /Software-Management/ 278-280

[7] Vgl. zu diesem Absatz Balzert /Software-Management/ 101 sowie Trauboth /Software-Qualitätssicherung/ 147

2.3.2 Maßnahmen der Qualitätssicherung

Zur Erreichung der Ziele der Validierung und Verifizierung werden im Rahmen der Qualitätssicherung in allen Phasen eines Softwareentwicklungsprojektes analytische Qualitätsmanagement-Maßnahmen durchgeführt.[8] Diese bringen von sich aus keine zusätzliche Qualität in den Entwicklungsprozess oder das Produkt ein, sondern messen lediglich das existierende Qualitätsniveau[9]. Mit Hilfe analytischer Qualitätsmanagement-Maßnahmen können jedoch Ausmaß und Ort von Fehlern identifiziert werden. Analytische Maßnahmen können in allen Phasen eines Softwareentwicklungsprojektes angewandt werden. Balzert unterscheidet zwischen analysierenden und testenden Maßnahmen. Analysierende Maßnahmen sammeln gezielt Informationen über ein Prüfobjekt, z.B. ein einzelnes Software-Modul, ohne dieses jedoch auszuführen oder Eingaben zu tätigen. Statische Vorgehensweisen wie u.a. Code-Reviews, Inspektionen, Walkthroughs und Audits sind dieser Maßnahmenart zuzuordnen. Testende Maßnahmen führen das Prüfobjekt mit Eingaben aus. Hierzu zählen dynamische Tests, wie z.B. Funktionsabdeckungstests, Zufallstests, Anweisungs-, Zweig- und Bedingungsüberdeckung,[10] symbolische Tests, Simulationen und Schreibtischtests.

Aufgabe der Qualitätssicherung ist zwar lediglich die Durchführung analytischer Maßnahmen, allerdings sind diese eng mit den konstruktiven Qualitätsmanagement-Maßnahmen verknüpft bzw. voneinander abhängig.[11] Die Durchführung eines umfassenden Modultests, z.B. hinsichtlich der Zweigüberdeckung, ist nur dann möglich, wenn auch eine ausreichende Modularisierung (konstruktive Maßnahme) vorliegt. Fehlende oder geringe konstruktive Maßnahmen erfordern in der Regel viele aufwendige analytische Maßnahmen. Es gilt, durch vorrausschauende Planung konstruktiver Maßnahmen, den analytischen Aufwand zu reduzieren. Aus diesem Grund ist es auch sinnvoll, bei einer Betrachtung der Erfolgsmessung der Gestaltung der Qualitätssicherung, konstruktive Qualitätsmanagement-Maßnahmen nicht unbeachtet zu lassen, sondern sie in mögliche Ansätze mit einzubeziehen.

---

[8] Vgl. zu diesem Absatz Balzert /Software-Management/ 279-281

[9] d.h. die Ausprägung der relevanten Qualitätsmerkmale bzw. -attribute

[10] Beschreibung dieser Verfahren in Liggesmeyer /Modultest/ 62-108

[11] Vgl. zu diesem Absatz Balzert /Software-Management/ 281-282

3 Erfolgsmessung der Qualitätssicherung

3.1 Erfolgsmessung anhand der zu erwartenden Fehlerzahl

Das Testen von Software im Rahmen der Durchführung analytischer Qualitätsmanagement-Maßnahmen ist derzeit die am meisten benutzte Methode, um sich über deren Qualität und Eignung für den Gebrauch ein Bild zu verschaffen.[12] Das sich hier ergebende Problem ist jedoch, dass durch Testen zwar Fehler aufgedeckt werden, Fehlerfreiheit aber keineswegs garantiert werden kann. Für die Erfolgsmessung der Gestaltung der Qualitätssicherung stellt sich also die Frage, ob die während eines Softwareentwicklungsprojektes ergriffenen, qualitätssichernden Maßnahmen auch wirklich zu einer Erfüllung der Qualitätsanforderungen führen bzw. geführt haben.

Die in einem Softwareprodukt enthaltene Fehlerzahl ist ein beliebtes, zur Beurteilung von Softwarequalität herangezogenes Maß. Im Folgenden werden Maße vorgestellt, die es ermöglichen, auf Basis der Fehlerzahl, Aussagen zum Erfolg der Gestaltung der Qualitätssicherung zu machen.

Grundsätzlich stellt sich in diesem Zusammenhang die Frage, mit wie vielen Fehlern in der Software überhaupt zu rechnen ist. Thaller gibt dazu verschiedene Formeln für die Berechnung der zu erwartenden Fehlerzahl in Abhängigkeit verschiedener Faktoren wie LOC, Erfahrung des Entwicklungsteams, Änderungen am Lastenheft während der Entwicklung usw. an.[13] Sofern vorhanden kann auch der Industriedurchschnitt als Richtlinie herangezogen werden. Generell gilt allerdings, dass Zahlen aus dem eigenen Unternehmen aussagekräftiger sind, nur müssen diese erst einmal in aufwändiger, langjähriger Arbeit einheitlich[14] erfasst werden. Eine Gegenüberstellung erwarteter und gefundener Fehler informiert über Erfolg oder Misserfolg der durchgeführten Tests bzw. der Gestaltung der Qualitätssicherung.

---

[12] Vgl. Thaller /Software Metriken/ 82

[13] Vgl. Thaller /Software Metriken/ 83-84

[14] Eine unternehmensweit einheitliche Definition von z.B. LOC ist notwendig um Vergleichbarkeit zwischen einzelnen Projekten zu ermöglichen.

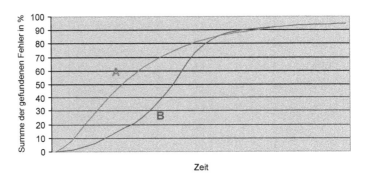

Abb. 3-1: Fehlerentwicklung über die Zeit[15]

Je später ein Fehler im Entwicklungsprozess gefunden wird, desto kostspieliger wird seine Behebung. Die Qualitätssicherung sollte es also anstreben, möglichst viele Fehler möglichst früh zu entdecken. Anhand der kumulierten gefundenen Fehler über die Projektlaufzeit kann man messen, wann man die zu erwartende Fehlerzahl erreicht hat und die jeweils gefundenen Fehler einzelnen Phasen im Projekt zuordnen.[16] In Abb. 3-1 stellt Kurve A den optimalen Verlauf der gefundenen Fehlerzahl über die Projektlaufzeit dar. Realisierbare Zahlen sind 50-75% gefundene Fehler während der Entwicklung und 90-97% während des Systemtests.[17] Ein Kurve B ähnelnder Verlauf sollte möglichst vermieden werden. In dieser Situation sollte von Seiten der Qualitätssicherung zu verstärkter und sorgfältigerer Anwendung analytischer Qualitätsmanagement-Maßnahmen gedrängt werden.[18] Wird ein Großteil der Fehler nämlich erst während des Systemtests gefunden, deutet dies z.B. auf unzureichende Modultests hin. Analysierende und testende Maßnahmen, wie z.B. Anweisungs- oder Zweigüberdeckungstests oder auch Design-Reviews wurden offensichtlich in den Anfangsphasen des Projektes nicht sorgfältig genug durchgeführt. Überprüft werden kann dies beispielsweise durch den Einsatz automatisierter Tools, die den Anteil des durch solche Tests untersuchten Programmcodes

---

[15] Vgl. Thaller /Software Metriken/ 87 sowie Müller, Paulish /Software-Metriken in der Praxis/ 84, 97

[16] Vgl. Thaller /Software Metriken/ 86-87

[17] Vgl. Müller, Paulish /Software-Metriken in der Praxis/ 84, 96-97

[18] Vgl. Thaller /Software Metriken/ 87

messen.[19] Im Rahmen der in Kapitel 3.2 behandelten Fallstudie des Softwarehauses HP, konnte anhand dieser Tools bei 22 betrachteten Softwareprodukten, von denen die Entwickler überzeugt waren, sie ausgiebig und vollständig getestet zu haben, festgestellt werden, dass im Durchschnitt lediglich 50% des Programmcodes überprüft wurde.

Wenn es bisher vielleicht auch den Anschein erweckte, entstehen nicht nur im Programmcode Fehler.[20] Auch alle Arten von Dokumenten, z.B. Lastenhefte, Benutzerhandbücher und Entwurfsdokumentationen, die während eines Softwareentwicklungsprojekts erstellt werden, können fehlerbehaftet sein. Um den Reifegrad verschiedenartigster Dokumente u.a. hinsichtlich Vollständigkeit oder Widerspruchsfreiheit zu bestimmen, kann als Maß die Anzahl Kommentare pro Seite herangezogen werden. Kommentare werden während eines Dokumenten-Reviews, eventuell anhand einer Checkliste, in das zu untersuchende Dokument eingefügt, z.B. wenn im Benutzerhandbuch eine Erklärung fehlt oder eine Passage unverständlich ist. Nach dem Review erhält der Autor das Dokument zur Überarbeitung und Ergänzung zurück. Die neue Version wird später erneut einer Prüfung unterzogen. Erfolg spiegelt sich darin wider, dass die Zahl der Kommentare auch bei möglicherweise zunehmendem Umfang kleiner wird, d.h. die Dokumentenqualität steigt. Weiterhin ist es möglich, anhand der Zahl der über die Projektlaufzeit nötigen Änderungen in den ebenfalls dokumentarisch erfassten Anforderungsspezifikationen, Aussagen über die Güte des Requirement-Engineering zu machen. Viele Änderungen weisen auf Defizite in diesem Bereich hin.

3.2 Erfolgsmessung der Qualitätssicherung bei Hewlett-Packard

Einige praxisbezogene Ergebnisse zur Erfolgsmessung der Gestaltung der Qualitätssicherung liefert eine von Grady, auf Daten des Softwarehauses HP, erstellte Studie.[21] Um sicherzustellen, dass ein in Entwicklung befindliches Softwareprodukt bereit zur Veröffentlichung ist, wurde von HP eine Reihe messbarer Qualitätsmerkmale definiert. Man strebte dadurch einen unternehmensweit einheitlich angewandten Prozess zur Messung der Qualität

---

[19] Vgl. Grady /Measuring Software-Quality/ 64

[20] Vgl. Thaller /Qualitätsoptimierung/ 264-265

[21] Vgl. zu diesem Absatz Grady /Measuring Software-Quality/ 63

von HP-Produkten an sowie die Möglichkeit, anhand quantifizierbarer Zwischenergebnisse, den Fortschritt der Produktqualität bis hin zur Veröffentlichung und auch darüber hinaus zu messen. Anhand der Qualitätsmerkmale wurden standardisierte Tests sowie Richtlinien eingeführt, die von einem HP-zertifizierten Produkt zu erfüllen sind. Das Testen umfasst u.a. Anweisungs- und Zweigüberdeckungstests sowie Testbetrieb hinsichtlich der Zuverlässigkeit und Stabilität. Weiterhin werden im Laufe eines Entwicklungsprojektes mehrere Testzyklen durchgeführt, bei denen die Software jeweils steigende Anforderungen, z.B. in Bezug auf die Restfehlerrate, zu erfüllen hat.

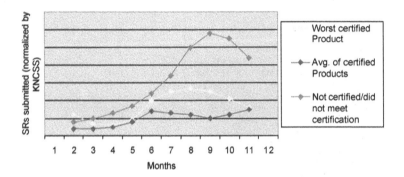

Abb. 3-2: Service-Anfragen nach Veröffentlichung[22]

Um den Erfolg dieser Vorgehensweise überprüfen zu können, wird als Maß die eingehende Fehleranzahl in Form von Service-Anfragen während der ersten zwölf Monate nach Veröffentlichung des Produkts herangezogen. Die Fehlerzahl wird über die Produktgröße in KNCSS[23] normalisiert, um Vergleichbarkeit zu gewährleisten. Stellt man nun auf Basis dieses Maßes zertifizierte und nicht-zertifizierte Produkte graphisch gegenüber, ist der Erfolg oder Misserfolg sofort erkennbar. Abb. 3-2 zeigt die Ergebnisse, die bei HP mit Hilfe dieser Vorgehensweise erzielt wurden. Die signifikant niedrigere Anzahl von Service-Anfragen bei zertifizierten Produkten, besonders im zweiten Halbjahr des Messzeitraums, spricht eindeutig für den Erfolg der

---

[22] Vgl. Grady /Measuring Software-Quality/ 64

[23] engl. KNCSS = 1000 noncomment source statements

durchgeführten Maßnahmen bzw. der Gestaltung der Qualitätssicherung und somit auch für eine höhere Qualität zertifizierter Produkte.

Auch anhand kontinuierlicher Erfassung und Zuordnung der Fehler in einem Softwareprojekt kann der Erfolg der Qualitätssicherung gemessen werden. Die Firma HP sah sich in diesem Zusammenhang besonders bei großen, standortübergreifenden Projekten vor die Schwierigkeit gestellt, dass manche Fehler von verschiedenen Personen unterschiedlich verstanden und definiert und somit auch mehrfach erfasst wurden.[24] Aus diesem Grund wurde von HP 1986 ein Modell zur standardisierten Kategorisierung von Softwarefehlern entwickelt.[25] Ein Fehler wird dort anhand seiner Herkunft, herkunftsspezifischen Typen und seiner Art identifiziert. Dementsprechend ist ein Fehler beispielsweise ein Design-Fehler (=Herkunft), bei dem ein Teil der Benutzerschnittstelle (=Typ) fehlt (=Art) oder z.B. ein Fehler in der Kodierung (=Herkunft), bei dem die zugrunde liegende Logik (=Typ) falsch (=Art) implementiert wurde.

Werden sämtliche Fehler in einem Softwareentwicklungsprojekt unter Verwendung dieses Modells erfasst, kann anhand der Herkunft sehr leicht bestimmt werden, in welcher Phase des Projekts sie entstanden sind.[26] Da, wie schon erwähnt, die Fehlerbehebungskosten in den späteren Entwicklungs-Phasen dramatisch ansteigen, sollte es angestrebt werden, Fehler nach Möglichkeit in der Phase zu finden, in der sie gemacht wurden, bzw. sie ganz zu vermeiden. Abb. 3-3 zeigt ein Fehlerprofil einer HP-Division bezogen auf ein spezifisches Projekt. Fehler werden hier nach Herkunft und Typ unterschieden. Säulen oberhalb der Mittellinie geben die Anzahl der Fehler an, die in derselben Phase gemacht und auch gefunden wurden. Säulen unterhalb der Mittellinie repräsentieren Fehler, die in Phasen nach ihrem Entstehen entdeckt wurden. Setzt man nun ein solches Fehlerprofil zur Erfolgsmessung der Gestaltung der Qualitätssicherung ein, können folgende Aussagen getroffen werden:

- Nahezu alle Fehler in ihrer Entstehungsphase zu finden, deutet auf gründlich und erfolgreich durchgeführte analytische Qualitätsmanagent-

---

[24] Vgl. Grady /Measuring Software-Quality/ 66
[25] Vgl. Grady /Measuring Software-Quality/ 65
[26] Vgl. zu diesem Absatz Grady /Measuring Software-Quality/ 66-67

Maßnahmen hin, d.h. nur noch wenige oder keine dieser Phase zuzuordnende Fehler werden im weiteren Projektverlauf gemeldet.

• Viele, in Phasen nach ihrem Entstehen, gefundene Fehler erfordern eine sorgfältigere oder auf anderen Maßnahmen basierende Qualitätssicherung.

• Eine insgesamt hohe Fehlerzahl steht für ungenutzte Möglichkeiten, bessere Präventivmaßnahmen, d.h. konstruktive Qualitätsmanagement-Maßnahmen, durchzuführen.

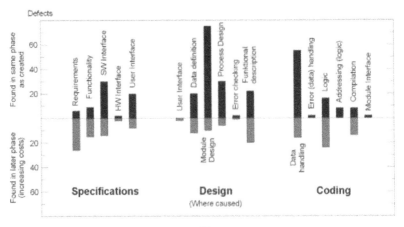

Abb. 3-3: Fehlerprofil einer HP-Division[27]

Aus dem vorliegenden Fehlerprofil können u.a. beispielsweise folgende Einsichten gewonnen werden: Die hohe Anzahl gefundener Fehler beim Modul-Design spricht zwar für eine sorgfältig durchgeführte Überprüfung des Designs seitens der Qualitätssicherung, sollte aber zur Anpassung konstruktiver Maßnahmen anregen, um zukünftig solche Fehler à priori zu vermeiden. Weiterhin deuten die gefundenen Fehler bei den Anforderungen, der spezifizierten Funktionalität und den Funktionsbeschreibungen zusammen betrachtet auf eine inadäquate, frühe Spezifikation des zu entwickelnden Produkts hin.[28] Grady schlägt für diese Situation den Einsatz von Prototypen als konstruktive Qualitätsmanagement-Maßnahme zur Vermeidung solcher

[27] Vgl. Grady /Measuring Software-Quality/ 67
[28] Vgl. Grady /Measuring Software-Quality/ 67

Probleme bzw. Fehlerquellen vor. Die große, spät entdeckte Zahl von Fehlern in der Programmlogik sollte als Indikator für unzureichende Code-Inspektionen erkannt werden.

3.3 Ein kostenorientierter Ansatz der Erfolgsmessung

Den Erfolg der Gestaltung der Qualitätssicherung anhand der Qualitätskosten zu bewerten, stellt eine weitere Möglichkeit der Messung dar.[29] Dazu muss zunächst zwischen verschiedenen Arten von Qualitätskosten unterschieden werden – den Conformance- und den Non-Conformance-Kosten. Zu den Conformance-Kosten zählt man sämtliche entstehenden Kosten, die dazu dienen, ein gewisses Maß an Qualität in einem Produkt oder Prozess zu erreichen. Fehlerverhinderungskosten, verursacht durch konstruktive und Kontrollkosten, verursacht durch analytische Qualitätsmanagement-Maßnahmen, werden zu den Conformance-Kosten gezählt. Non-Conformance-Kosten entstehen durch alle Ausgaben, die der Behebung entstandener Fehler dienen. Hier wird wiederum zwischen internen und externen Fehlerkosten unterschieden, d.h. Fehlerkosten, die vor bzw. nach dem Release des Softwareproduktes entdeckt werden.

Der kostenorientierte Ansatz geht nun davon aus, dass durch steigende Qualität sowohl von Produkt aus auch von Prozess eines Softwareentwicklungsprojektes, die Qualitätskosten gesenkt werden können. Mögliche, durchführbare, qualitätssteigernde Maßnahmen, wie Design-Reviews, Qualitäts-Audits, Code-Inspektionen, usw. werden dazu wie Investitionen behandelt. Da in nahezu jedem Projekt die verfügbaren Ressourcen begrenzt sind, wird dementsprechend diejenige Investition durchgeführt, von der man sich den größten Return on Investment (ROI) verspricht.[30] Um Qualitätsmanagement-Maßnahmen investitionstheoretisch bewerten zu können, definieren Slaughter, Harter und Krishnan zunächst folgende Kennzahlen:

Software Quality Investment (SQI) – Kosten der Investition zur Steigerung der Qualität inklusive aller anfänglichen Ausgaben für eventuell notwendige Schulungen, Tools, usw.

---

[29] Vgl. zu diesem Absatz Slaughter, Harter, Krishnan /Cost of Quality/ 68
[30] Vgl. Slaughter, Harter, Krishnan /Cost of Quality/ 68-69

Software Quality Maintenance (SQM) – laufende Kosten, resultierend aus weiterführenden Schulungen, Meetings, Upgrades, usw.

Software Quality Revenues (SQR) – Erträge aus den prognostizierten oder gemessenen Kosteneinsparungen, resultierend aus der Verbesserung der Qualität.

Anhand dieser Kennzahlen lässt sich das Pendant des aus der Investitionstheorie bekannten ROI, der Return of Software Quality (ROSQ) folgendermaßen berechnen: $ROSQ = \dfrac{NPV(SQR - SQM)}{NPV(SQI + SQM)}$ [31]

Der ROSQ gibt an, wie hoch die zu erwartende Rendite einer Investition in die Softwarequalität ist. Eine weitere nützliche Kennzahl stellt der Software Quality Profitability Index (SQPI) dar: $SQPI = \dfrac{PV(SQP - SQM)}{SQI}$ [32]

Erreicht dieser einen Wert größer eins, verspricht die Investition die Kosten übersteigende Erlöse. Der SQPI kann ebenfalls bei begrenzten Ressourcen zur Auswahl zwischen möglichen Qualitätsmanagement-Maßnahmen eingesetzt werden. Je größer der SQPI, desto größer ist die Rentabilität der Investition. Folglich werden diejenigen Maßnahmen mit großem SQPI zuerst durchgeführt.

Bei der Bewertung der Kennzahlen ist zu beachten, dass es sich vor allem beim SQR um prognostizierte Werte handelt, bei deren Bestimmung man sich nach Möglichkeit an historischen Werten vergleichbarer, bereits durchgeführter Maßnahmen anderer Projekte orientiert.

Ein praktisches Anwendungsbeispiel des kostenorientierten Ansatzes geben Slaughter, Harter und Krishnan anhand der Softwarefirma BDM.[33] Hier wurden zunächst die größten Defizite in den existierenden Qualitätsmanagement-Maßnahmen hinsichtlich der existierenden Fehlerzahl durch eine Pareto-Analyse identifiziert und deren Ursachen anhand von Fishbone-Charts bestimmt. Die unterschiedlichen Möglichkeiten zur Beseitigung dieser sind anschließend mittels ROSQ und SQPI zu bewerten und die erfolgversprechendste(n) Maßnahme(n) umzusetzen. Um die tatsächliche

---

[31] Vgl. Slaughter, Harter, Krishnan /Cost of Quality/ 69

[32] Vgl. Slaughter, Harter, Krishnan /Cost of Quality/ 69

[33] Vgl. zu diesem Absatz Slaughter, Harter, Krishnan /Cost of Quality/ 69-71

Wirksamkeit einer Investition bzw. Maßnahme messen zu können, werden ROSQ und SQPI zusätzlich nach ihrer Durchführung erneut berechnet.

Nach der Durchführung mehrerer so bewerteter Maßnahmen und der darauf zurückzuführenden, steigenden Qualität, tritt eine, nicht nur für die betrachtete Fallstudie, typische Entwicklung auf, der man sich unbedingt bewusst sein muss.[34] Bei steigender Qualität steigen nämlich auch proportional die Kosten für weitere Maßnahmen, bzw. sinkt deren Wirksamkeit bei konstanten Investitionen in die Qualität. Lässt man diesen Aspekt unbeachtet, läuft man Gefahr, zuviel in die Qualität zu investieren, wodurch die Conformance-Kosten insgesamt nicht wie beabsichtigt sinken, sondern wieder steigen.

Um den Erfolg der auf Basis des kostenbasierten Ansatzes gestalteten Qualitätssicherung zu messen, kann über einen längeren Zeitraum die Entwicklung der Conformance- und Non-Conformance-Kosten gemessen werden. Sinken diese, war die Qualitätssicherung erfolgreich.[35]

3.4 Erfolgsmessung anhand der Produktivität

Eine weitere mögliche Vorgehensweise ist die Erfolgsmessung der Qualitätssicherung anhand der Produktivität.[36] Krishnan u.a. haben dazu in einer 43 Softwareentwicklungsprojekte umfassenden Studie die Zusammenhänge zwischen Softwarequalität und Produktivität[37] analysiert. Produktivität definieren die Autoren als das Verhältnis zwischen der Größe des Produktes, gemessen in 1000 Lines of Code (KLOC), und den während des gesamten Systemlebenszyklus (LC) inklusive Entwicklung anfallenden Kosten,

die diesem zuzurechnen sind: $LC \, \Pr oductivity = \dfrac{KLOC}{LCCosts}$

Die Qualität wird anhand der Anzahl Software Trouble Reports (STR) in den ersten 2 Jahren nach der Veröffentlichung normalisiert über KLOC gemessen. Weiterhin identifizieren die Autoren eine Reihe von Faktoren, die sowohl Einfluss auf die Qualität als auch auf die Produktivität ausüben:

---

[34] Vgl. zu diesem Absatz Krishnan u.a. /Productivity and Quality/ 755 sowie Slaughter, Harter, Krishnan /Cost of Quality/ 70

[35] Vgl. Slaughter, Harter, Krishnan /Cost of Quality/ 71

[36] Vgl. zu diesem Absatz Krishnan u.a. /Productivity and Quality/ 746-749

[37] Mit Produktivität ist in dieser Studie die Produktivität über den gesamten Lebenszyklus eines Softwareproduktes gemeint.

- Qualität ist abhängig von der Größe des Produktes, dem Grad des Tool-Einsatzes, den Fähigkeiten und der Erfahrung der an der Entwicklung Beteiligten, der Gestaltung des Software-Prozesses und dem Anteil der in den Anfangsphasen des Projektes eingesetzten Ressourcen.

- Produktivität ist abhängig von der Produktqualität aufgrund geringerem Rework-Aufwands, der Fähigkeit und Erfahrung der Beteiligten, der Gestaltung des Software-Prozesses und dem Grad des Tool-Einsatzes.

Produktgröße wird in der Studie in KLOC gemessen.[38] Die Erfahrung der Beteiligten sowie der Grad des Tool-Einsatzes wird subjektiv mittels einer Fünf-Punkte Skala bestimmt, auf deren Basis beispielsweise der Produkt-Manager hinsichtlich der Erfahrung der Teammitglieder Einzelbewertungen vornimmt und anschließend den Durchschnitt bildet. Der Anteil der in den Anfangsphasen des Projektes eingesetzten Ressourcen wird als Prozentsatz der gesamten Entwicklungskosten bestimmt. Zur Messung der Gestaltung des Software-Prozesses wurde in der Studie eine standardisierte Maßnahmen-Kombination, angelehnt an das Capability Maturity Modell, festgelegt. Diese beinhaltete weitestgehend konstruktive und analytische Qualitätsmanagement-Maßnahmen. Bei den untersuchten Projekten wurde nun der Grad der vollständigen Durchführung dieser Maßnahmen-Kombination gemessen.

Auf Grundlage der Messergebnisse konnte nun der Einfluss berechnet werden, den die einzelnen Faktoren auf Produktivität und Qualität haben.[39] Für die Qualität stellten sich alle zuvor genannten Faktoren, abgesehen von dem Grad des Tool-Einsatzes, als wichtig heraus. Der Grad des Tool-Einsatzes nahm in den untersuchten Projekten keine bedeutende Rolle ein und führte teilweise sogar zu Verwirrung, da manche Entwickler in deren Umgang nicht geschult waren. Ein erfahrenes Entwicklungsteam erwies sich z.B. ebenso wie eine konsequente Anwendung standardisiert durchzuführender Qualitätsmanagement-Maßnahmen als äußerst qualitätsfördernd. Für die Produktivität kamen Krishnan u.a. zu dem Ergebnis, dass hier erwartungsgemäß die Qualität des Produktes sowie die Erfahrung der Mitarbeiter starken Einfluss haben. Der Tool-Einsatz lieferte auch hier keine

---

[38] Vgl. zu diesem Absatz Krishnan u.a. /Productivity and Quality/ 749-751

[39] Vgl. Zu diesem Absatz Krishnan u.a. /Productivity and Quality/ 751-754

nennenswerte Produktivitätssteigerung. Überraschenderweise hatte die Prozess-Gestaltung ebenfalls keinen gravierenden Einfluss. Die Autoren vermuten die Ursache darin, dass sich bestimmte Maßnahmen, wie z.b. Trainingsprogramme, aufgrund ihres hohen Aufwands, negativ auf die Produktivität auswirken. Da aber auch spätere Projekte von solchen Maßnahmen profitieren, heben sich diese negativen Einflüsse insgesamt wieder auf.

Insgesamt stellte sich heraus, dass Qualität und Produktivität von nahezu identischen Faktoren gleichermaßen beeinflusst werden. Ziel sollte es also sein, sich bei der Durchführung eines Softwareentwicklungsprojektes auf diese zu konzentrieren. Die Einstellung erfahrenen Personals und verstärkte Investitionen in die frühen Phasen eines Projektes zur Steigerung der Qualität bzw. zur Vermeidung des Auftretens von Fehlern vorab, steigern nicht alleine nur die Qualität. Da dies nämlich auch ein bedeutender Einflussfaktor für die Produktivität ist, kann aus diesen Maßnahmen auch hier beträchtlicher Nutzen gezogen we rden.

In Bezug auf die Erfolgsmessung der Qualitätssicherung kann aufgrund dieses engen Zusammenhangs zwischen Qualität und Produktivität letztere auch als mögliches Maß herangezogen werden.[40] Eine steigende Produktivität deutet auf steigende Qualität hin bzw. steht für eine erfolgreich durchgeführte Qualitätssicherung. Wie auch beim kostenorientierten Ansatz ist die Existenz eines Schwellenwertes zu beachten. Wird dieser überschritten, ist eine weitere Investition in die Produktivität und somit auch in die Qualität unwirtschaftlich. Eine Verbesserung anderer Aspekte des Softwareproduktes, wie z.B. die Performance, ist ab diesem Punkt ratsam.

3.5 Erfolgsmessung durch Experten-Beurteilung

Weder die Ausprägungen der Qualitätsmerkmale noch der –attribute eines Softwareprodukts lassen sich unmittelbar quantifizieren.[41] Gemäß der Drei-Ebenen-Hierarchie werden dazu verschiedene Qualitätsmaße herangezogen, die Rückschlüsse auf die Attributsausprägungen und somit auch auf die Qualitätsmerkmale auf Basis repräsentativer Daten erlauben. Der mögliche

---

[40] Vgl. zu diesem Absatz Krishnan u.a. /Productivity and Quality/ 754-755
[41] Vgl. zu diesem Absatz Rosqvist, Koskela, Harju /Expert Judgement/ 41

Mangel bzw. das eventuelle nicht Vorhandensein repräsentativer Daten hinsichtlich bestimmter Qualitätsmerkmale bzw. –attribute macht in manchen Fällen jedoch alternative Methoden der Qualitätsmessung nötig. Eine dann anwendbare Methode ist die Bewertung von Softwarequalität basierend auf der Beurteilung durch Experten.

Das zugrunde liegende Prinzip dieser Methode ist der Transfer des durch langjährige Erfahrung gewonnenen, impliziten[42] Wissens von Experten in quantifizierbare Maße zur Beurteilung des Zielerreichungsgrads von Qualitätsmerkmalen.[43] Rosqvist, Koskela und Harju verwenden dazu die Qualitätsmaße SAL (=Subjective Achievement Level) und CAL (= Consensus Achievement Level).

SAL ist ein direktes, subjektives Maß, das die Einschätzung eines Experten über den Reifegrad eines Qualitätsattributs, gegebene Qualitätsanforderungen zu befriedigen, widerspiegelt.[44] Das Maß kann Werte aus dem Intervall [0, z] annehmen, wobei „0" keine und „1" vollständige Erfüllung der Qualitätsanforderung bedeutet. „z" ist ein Wert größer eins, wodurch beispielsweise mit „1,25" auch eine die Anforderungen um 25% übersteigende Zielerreichung ausgedrückt werden kann. Unsicherheit bei der Beurteilung eines Qualitätsattributs kann der Experte durch Angabe einer Dreiecksverteilung Triang(a, m, b) mit a = m = b im Intervall [0, z] ausdrücken. „a" repräsentiert hier den minimalen, „b" den maximalen und „m" den wahrscheinlichsten Wert, den das Qualitätsattribut nach Einschätzung des Experten annehmen kann. Die ersten Beurteilungen eines Qualitätsattributs durch das SAL-Maß im Verlauf eines Softwareentwicklungsprojekts haben meist die Form einer breiten, wenig informativen Dreiecksverteilung, die im Idealfall bei steigender Anzahl von Durchführungen zu einer schmalen Verteilung mit einem Spitzenwert bei „1" schrumpft. Abb. 3-4 stellt eine solche positive Entwicklung der von einem Experten abgegebenen SAL-Maße bei allmählich sinkender Unsicherheit im Projektverlauf dar. Ist sich der Experte sicher, dass ein Attribut die Qualitätsanforderungen vollständig erfüllt wird dieses mit „1" „gemessen". Hat der Experte alle Attribute eines

---

[42] engl. „tacit"

[43] Vgl. Rosqvist, Koskela, Harju /Expert Judgement/ 39

[44] Vgl. zu diesem Absatz Rosqvist, Koskela, Harju /Expert Judgement/ 42-44

Qualitätsmerkmals beurteilt, werden die SAL's der einzelnen Attribute entsprechend ihrer Bedeutung in Bezug auf das Qualitätsmerkmal gewichtet[45] und summiert[46]. Man erhält so das SAL-Maß für die jeweils übergeordneten Qualitätsmerkmale.

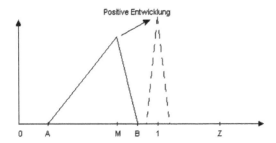

Abb. 3-4: Dreiecksverteilung des SAL[47]

Bei dem Consensus Achievement Level, CAL, handelt es sich um ein indirektes Qualitätsmaß, das die SAL-Maße verschiedener Experten aggregiert betrachtet[48] und zusätzlich noch den Grad des Konsens, d.h. der Übereinstimmung der individuellen SAL's, berücksichtigt.[49] Es werden vier Konsens-Level unterschieden:

Konsens Level 1 – Die Experten stimmen überein, dass das Qualitätsmerkmal die Anforderungen vollständig erfüllt und bewerten dies mit „1".

Konsens Level 2 – Aufgrund von Unsicherheit bewerten die Experten das Qualitätsmerkmal, indem sie den gewichteten Durchschnitt über die einzelnen SAL's bilden.

Konsens Level 3 – Ist nach Meinung der Experten eine Durchschnittsbildung nicht angebracht – sei es aufgrund von Unsicherheit oder Uneinigkeit – wird das CAL-Maß aus den Extremwerten der SAL's gebildet; d.h. man verwendet den minimalen, den maximalen und den minimalen wahrscheinlichsten Wert aller SAL's beim Aufstellen der Dreiecksverteilung.

---

[45] Hierzu gilt: $\sum_{i=1,...,n} w_i = 1$ mit w_i = Gewicht von Qualitätsattribut i

[46] Hierzu gilt: $SAL_{m,j} = \sum_{i=1,...,n} w_i * SAL_{a,i}$ mit $SAL_{m,j}$ = SAL von Qualitätsmerkmal j; $SAL_{a,i}$ = SAL von Qualitätsattribut i

[47] Vgl. zu diesem Absatz Rosqvist, Koskela, Harju /Expert Judgement/ 44

[48] Die Betrachtung der SAL-Maße ist auf Attributs- und Merkmalsebene möglich – hier Qualitätsmerkmale.

[49] Vgl. zu diesem Absatz Rosqvist, Koskela, Harju /Expert Judgement/ 44-46

Konsens Level 4 – Die Experten können sich auf kein CAL-Maß einigen. Die Unsicherheit hinsichtlich der Beurteilung des Zielerreichungsgrades des Qualitätsmerkmals ist zu groß. In diesem Fall wäre auch jegliche Beurteilung durch das SAL verfrüht.

Bei der Bewertung durch das CAL ist zu erwarten, dass, während der frühen Phasen eines Softwareentwicklungsprojektes aufgrund von Unsicherheit und auch einfach wegen des noch unfertigen Produktes, ein niedriger Konsens-Level, d.h. Level 4, erreicht wird, welcher bei Fortschreiten des Projekts steigt.[50] Weiterhin ist zu erwarten, dass sich bei ordnungsgemäß verlaufender Entwicklung der Zielerreichungsgrad eines Qualitätsmerkmals einem Wert von „1" annähert bzw. diesen annimmt. Ein hoher Zielerreichungsgrad ist generell einem hohen Konsens-Level vorzuziehen, allerdings sind beide Ziele nicht voneinander unabhängig, da ein hoher Zielerreichungsgrad bei niedrigem Konsens-Level immer mit Unsicherheit behaftet ist. Rosqvist, Koskela und Harju weisen darauf hin, dass es bei dem CAL-Maß nicht darum geht, einen Konsens bezüglich des Grades der Unsicherheit zu finden, sondern hinsichtlich des Zielerreichungsgrades von Qualitätsmerkmalen.[51] Bei der Beantwortung von Fragen wie z.B. „Ist die Software bereit zur Veröffentlichung?", spielt allerdings auch der erreichte Konsens-Level eine wichtige Rolle. Risikoaverse Personen würden auf solche Fragen höchstwahrscheinlich nur mit „ja" antworten, wenn ein größtmögliches Maß an Sicherheit, d.h. Konsens-Level 1, vorliegt.

Wie können die vorgestellten Qualitätsmaße nun zur Erfolgsmessung der Gestaltung der Qualitätssicherung beitragen? Mit Hilfe der Maße SAL und CAL können kritische Bereiche und Mängel während der Entwicklung eines Softwareproduktes im Hinblick auf die angestrebte Qualität identifiziert werden.[52] Liegt der Zielerreichungsgrad eines Qualitätsmerkmals signifikant unter den Qualitätsanforderungen, gilt es, für die folgenden Phasen des Softwareentwicklungsprojektes, Maßnahmen zu ergreifen, um die vorliegenden Defizite zu beheben.[53] Zu der Art der in diesem Fall durchzuführenden Maßnahmen machen Rosqvist, Koskela und Harju keine direkte Aussage. Es

---

[50] Vgl. zu diesem Absatz Rosqvist, Koskela, Harju /Expert Judgement/ 45

[51] Vgl. Rosqvist, Koskela, Harju /Expert Judgement/ 47

[52] Vgl. Rosqvist, Koskela, Harju /Expert Judgement/ 45

[53] Vgl. Rosqvist, Koskela, Harju /Expert Judgement/ 45

erscheint jedoch offensichtlich, dass hiermit eine Anpassung der Gestaltung konstruktiver und analytischer Qualitätsmanagement-Maßnahmen gemeint ist. Der Erfolg oder Misserfolg der vorgenommenen Anpassung lässt sich durch iterative Anwendung des SAL- oder CAL-Maßes bestimmen. Ein steigender Zielerreichungsgrad spiegelt Erfolg wider. Schwerwiegende Defizite bei Qualitätsmerkmalen mit ihrer Gewichtung entsprechend großer Bedeutung für die Gesamt-Softwarequalität gilt es, vorrangig zu beheben.

Insgesamt stellt die Beurteilung des Erfolgs der Qualitätssicherung durch Experten ein weiteres anwendbares Maß in Bezug auf die Problemstellung dieser Arbeit dar. [54] Trotzdem ist zu beachten, dass es sich sowohl bei dem SAL als auch bei dem CAL um ein subjektives Maß handelt. Bestimmte wissenschaftliche Prinzipien sind einzuhalten, damit die Beurteilung nicht völlig willkürlich durchgeführt wird. Diese sind: Reproduzierbarkeit und Zuordnungsfähigkeit der Ergebnisse, empirische Kontrolle, Neutralität und Fairness. Eine Herausforderung an jede Methode, die sich auf die Beurteilung durch Experten stützt, stellt die Einhaltung der Prinzipien empirische Kontrolle und Neutralität dar. Neutralität kann dadurch gewährleistet werden, dass nur unabhängige, nicht zum Projektteam gehörende Experten mit der Beurteilung betraut werden und diese eventuell durch einen vordefinierten Fragenkatalog unterstützt bzw. geleitet werden. Das Prinzip der empirischen Kontrolle befasst sich mit der Güte der von den Experten abgegebenen Beurteilungen hinsichtlich der Genauigkeit und des Informationsgehalts. Um Aussagen über die Leistungsfähigkeit eines Experten machen zu können, müssen über einen längeren Zeitraum die abgegebenen Beurteilungen den wirklichen Ergebnissen gegenübergestellt werden.

4   Fazit

Ungeachtet der Verbreitung in der Literatur stellt die Erfolgsmessung der Gestaltung der Qualtiätssicherung in jedem Softwareentwicklungsprojekt eine nicht zu vernachlässigende Tätigkeit dar. Standardisierte Vorgehensweisen oder auch Maße existieren in der Praxis nicht. Dies mag an der Individualität eines jeden Softwareentwicklungsprojektes liegen, wodurch jeweils eine

---

[54] Vgl. zu diesem Absatz Rosqvist, Koskela, Harju /Expert Judgement/ 50-51

speziell angepasste Lösung bzw. Kombination einzusetzender Qualitätsmanagement-Maßnahmen und Erfolgsmaße erforderlich ist. Die in dieser Arbeit vorgestellten Fallstudien zeigen anschaulich, wie wichtig es ist, bei der Durchführung konstruktiver und analytischer Qualitätsmanagement-Maßnahmen, einen Fokus auf die Messbarkeit der Ergebnisse dieser zu setzen. Nur so kann man wirklich sichergehen, dass die durchgeführten Maßnahmen auch den beabsichtigten Effekt erzielen.

Um über den in die Qualitätssicherung investierten Aufwand während des gesamten Systemlebenszyklus eines Softwareproduktes die Kontrolle zu behalten, erweist sich der in Kapitel 3.3 vorgestellte kostenorientierte Ansatz der Erfolgsmessung als äußerst hilfreich. Durch diesen können Qualitätsmanagement-Maßnahmen vor und nach ihrer Durchführung hinsichtlich Effektivität und Effizienz beurteilt werden. Sind Wirkung und Kosten quantifizierbar, wird es zudem noch leichter, die Durchführung kostenintensiver Maßnahmen beispielsweise vor dem Management zu verantworten.

Eine konsequente und einheitliche Erfassung des nötigen Datenmaterials über einen längeren Zeitraum hinweg, ermöglicht sowohl die Entwicklung eigener Vergleichsmaßstäbe als auch die Bildung einer Datenbasis, aufgrund welcher zukünftig präzisere Prognosen über die Wirkung bestimmter Qualitätsmanagement-Maßnahmen abgegeben werden können. Liegt derartiges Datenmaterial nicht vor, können alternativ Experten herangezogen werden, die zum einen das Unternehmen bei der Gestaltung der Qualitätssicherung beraten, andererseits aber auch, wie in Kapitel 3.5 beschrieben, die Erfolgsmessung selber übernehmen können.

Literaturverzeichnis

Balzert /Software-Management/
Helmut Balzert: Lehrbuch der Software-Technik. Software-Management.
Software-Qualitätssicherung. Unternehmensmodellierung. Heidelberg –
Berlin 1998

Evans, Marciniak /Software Quality Assurance/
Michael W. Evans, John Marciniak: Software Quality Assurance and
Management. New York u.a. 1987

Grady /Measuring Software-Quality/
Robert B. Grady: Practical Results from Measuring Software Quality. In:
Communications of the ACM. Nr.11, 1993, S.62-68

Krishnan u.a. /Productivity and Quality/
Mayuram S. Krishnan, C. H. Kriebel, Sunder Kekre, Tridas
Mukhopadhyay: An Empirical Analysis of Productivity and Quality in
Software Products. In: Management Science. Nr.6, 2000, S.745-759

Liggesmeyer /Modultest/
Peter Liggesmeyer: Modultest und Modulverifikation. State of the Art.
Mannheim – Wien – Zürich 1990

Liggesmeyer /Software-Qualität/
Peter Liggesmeyer: Software-Qualität. Testen, Analysieren und
Verifizieren von Software. Heidelberg – Berlin 2002

Müller, Paulish /Software-Metriken in der Praxis/
K. H. Müller, D. J. Paulish: Software-Metriken in der Praxis. München –
Wien 1993

Rosqvist, Koskela, Harju /Expert Judgement/

Tony Rosqvist, Mika Koskela, Harju Harju: Software Quality Evaluation based on Expert Judgement. In: Software Quality Journal. Nr.1, 2003, S.39-55

Slaughter, Harter, Krishnan /Cost of Quality/

Sandra A. Slaughter, Donald E. Harter, Mayuram S. Krishnan: Evaluating the Cost of Software Quality. In: Communications of the ACM. Nr.8, 1998, S.67-73

Thaller /Qualitätsoptimierung/

Georg Erwin Thaller: Qualitätsoptimierung der Software-Entwicklung. Das Capability Maturity Modell (CMM). Braunschweig – Wiesbaden 1993

Thaller /Software Metriken/

Georg Erwin Thaller: Software Metriken. Hannover 1994

Trauboth /Software-Qualitätssicherung/

Heinz Trauboth: Software-Qualitätssicherung. Konstruktive und analytische Maßnahmen. 2. Aufl., München – Wien 1996